新装版

はじめての
どうぶつ ぬいぐるみ

写真でくわしい 作り方レッスンつき

長谷川孝博

基本のうさぎ・くま・パンダ
いぬ・ねこ・ぞう・ぶた・たぬき

日本ヴォーグ社

はじめに

　ぬいぐるみの魅力って、「やわらかさ」にあると思います。小さな子がぎゅっと抱きしめたり、安心して一緒に眠ったりできる、やわらかくてほんわりあたたかいぬいぐるみ。この本は、そんなぬいぐるみを自分で作ってみたい！と思っているひとのための本です。

　レッスン1は、パーツが少なくて形もシンプルなロップイヤーうさぎ。レッスン2のくまは、うさぎの頭を変えただけで作れます。レッスン3では縫う部分をちょっと増やして、パンダを作ります。はじめてのひともページを見ながら順番に作っていけば、かわいいぬいぐるみがちゃんとでき上がります。

　いぬ・ねこ・ぞう・ぶた・たぬきの仲間たちも、すべてレッスン1～3のアレンジで作れます。プレゼントしてもきっと喜ばれるので、たくさん作ってみてくださいね。

この本は2011年9月発行の
『やわらか・かわいい
　はじめてのどうぶつぬいぐるみ』を
ご要望に応えて再編集したものです。

 この本に関するご質問は、お電話またはWebで
書名／新装版 はじめてのどうぶつぬいぐるみ
本のコード／NV70402
担当／霜島（しもじま）
TEL／03-3383-0634（平日13:00～17:00受付）
Webサイト「手づくりタウン」
https://www.tezukuritown.com/
＊サイト内〈お問い合わせ〉からお入りください。

本誌に掲載の作品を、複製して販売（店頭、ネットオークションなど）することは禁止されています。手づくりを楽しむためにのみご利用ください。

もくじ

LESSON ❶
はじめてでも大丈夫！ 基本のロップイヤーうさぎ

ロップイヤーうさぎ　どの色の子がお気に入り？……4・5
ロップイヤーうさぎ　同じ作り方で、大きさを変えて……20・21
ふわふわ、モコモコ、花柄…　いろいろ素材のおしゃれうさぎ……22・23
カラフル・ロップイヤーうさぎのパーティ……26・27

🍀 材料と用具のこと……6・7
🍀 素材のこと……24
🍀 ロップイヤーうさぎS・Lサイズの裁ち方図と材料……25
🍀 マスコットの作り方……28〜31

ロップイヤーうさぎの
くわしい作り方レッスンは
8〜19ページ

LESSON ❷
うさぎの頭を変えると… くま・ぶた・ぞう

くまのおやつは、はちみつパンケーキ……32・33
ぶたとぞうも、ボディの作り方は同じです
ぶた……34　　ぞう……35

🍀 ぶたの作り方……40・41
🍀 ぞうの作り方……42・43

くまのくわしい
作り方レッスンは
36〜39ページ

LESSON ❸
少しのアレンジで仲間を増やそう パンダ・たぬき・いぬ・ねこ

竹林の奥で、パンダの親子を発見！……44・45
丸いお腹のポンポコたぬき……50
いぬとねこは、耳としっぽで変化をつけて
いぬ……52　　ねこ……53

🍀 たぬきの作り方……51
🍀 いぬの作り方……54・55
🍀 ねこの作り方……56・57

パンダのくわしい
作り方レッスンは
46〜49ページ

LESSON ① はじめてでも大丈夫！
基本のロップイヤーうさぎ

1 ロップイヤーうさぎは、大きな垂れ耳がトレードマーク。
型紙がシンプルで作りやすいので、はじめてぬいぐるみを作るひとにおすすめです。

🍀 くわしい作り方レッスン 8〜19ページ

ロップイヤーうさぎ どの色の子がお気に入り？

ブラウン、ピンク、黒…ロップイヤーうさぎの色ちがいの仲間たち。好きな色で作ってみてね。

材料と用具のこと

基本のロップイヤーうさぎを作るための材料と用具を紹介します。材料は「はじめてのひとにも作りやすいもの」を使っています。他のどうぶつたちにも共通のものが多いので、最初にこのページを読んでくださいね。他の布で作りたい時や同じ布が手に入らない時は、24ページの「素材のこと」を合わせて見てください。

裏側

ポリエステルボア

手触りのよいボア素材で、クタッとやわらかいぬいぐるみを作るのにぴったり。毛並みがあるのは表側だけで、裏側はつるっとしたシート状です。印がつけやすくて縫いやすいので、はじめてのひとにも扱いやすい素材です。
この本では 22・23・26・27ページのロップイヤーうさぎ、33ページのくま、44ページ左のパンダ、52ページまんなかのいぬ、53ページ右のねこ以外は、本体にはすべてこのポリエステルボアを使用しています。

こんなに色があるよ！

黒
ダークブラウン
ブラウン
ピンク
アイボリー

ポリエステルスエード

この本では主に耳裏に使っている素材です。耳のやわらかさを出したいので薄地のものがよいでしょう。表側をなでた時に引っかかりがなく、すーっとなでられる向きを「布目」の矢印と合わせて裁ちます。色は耳や本体に合わせて選びましょう。

綿（ポリエステル綿）

頭にはしっかり固めに、手足やお腹はふんわりやわらかめに…と、詰め方次第で仕上がりを調整できます。繊維が粒状になった「つぶわた」は細かい部分にも詰めやすく、扱いやすいのでおすすめです。

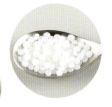

ペレット

小さな粒状の詰めものです。うさぎの耳やボディのおしり部分に入れて、適度な重みを出すために使います。詰める時はこぼさないように注意。あらかじめ使う分（重さ）を量って分けておくとよいでしょう。

縫い糸は、布に合わせた色を選びましょう

縫い糸
本体を縫い合わせる時に使う糸です。ミシンで縫う時は60番のミシン糸を使います。手縫いの時は30番の糸を2本どりで使います。

目玉
目玉は、足つきのプラスチックアイ（ボタン状ではなく、軸のみ）とワッシャーをセットで使います。ワッシャーは一度はめると外れないので注意。大きさはぬいぐるみの種類やサイズに合わせて選びます。

ワッシャー
プラスチックアイ

プラスチックアイ（実物大）

7.5mm　9mm　10.5mm　13.5mm

刺しゅう糸
大きい方が5番、小さい方が25番刺しゅう糸。この本では鼻や口の刺しゅうに5番刺しゅう糸を1本で使っていますが、代わりに25番刺しゅう糸を6本どりで使ってもよいでしょう。

＊の用具…クロバー

用具は、写真と同じものでなくてもOK！家にある使いやすいもので作ってみてね

ボールペン
布の裏に型紙で印をつける時に使います。布が濃い色の場合は金や銀のインクのペンが便利。

目打ち＊
型紙や布に、目の位置や切り込みの印になる穴をあけるのに使います。

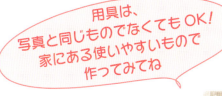

紙を切ると、切れ味が悪くなるので注意！

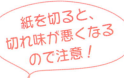
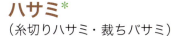

ハサミ＊
（糸切りハサミ・裁ちバサミ）
必ず紙用とは別に、専用のものを用意しましょう。布用の裁ちバサミは、先が細くてよく切れるものが使いやすい。

針＊（縫い針・ぬいぐるみ針・まち針）
手縫いのための針と、布を仮どめする時に使うまち針。目の表情をつけたり鼻と口の刺しゅうをするためのぬいぐるみ針は長さ10cmくらいのものが使いやすいでしょう。

綿詰め用スティック
専用のスティックもありますが、菜箸などでも代用できます。

・・・7

LESSON ①

基本のロップイヤーうさぎ（Mサイズ）のくわしい作り方レッスン

1 （4・5ページの作品）

★実物大型紙は
A面（5パーツ）

この本ではたくさんの種類のぬいぐるみを紹介していますが、その中でいちばん作りやすくて、すべての基本になるのがロップイヤーうさぎ。型紙の作り方や印のつけ方、縫い方の基本もくわしく説明しているので、ぬいぐるみを作るのがはじめてでも大丈夫！　好きな色や素材で、早速作ってみましょう。

※20・21ページのS・Lサイズ、22・23・26・27ページのうさぎも、大きさや素材がちがうだけで作り方は一緒です。ポリエステルボア以外の素材については24ページ、S・Lサイズの裁ち方図と材料は25ページを見てください。

ロップイヤーうさぎ（Mサイズ）1体分に必要な材料

22・23・26・27ページのうさぎも同じMサイズなので、素材はちがっても布の大きさや他の材料は共通です。

本体用の布
ポリエステルボア
35×45cm
ここではアイボリーを使います。
ピンク・ブラウン・ダークブラウン・黒などでもOK。

耳裏用の布
ポリエステルスエード
22×8cm
ここではピンクを使います。
本体の色に合わせて選びましょう。

5番刺しゅう糸
鼻と口の刺しゅう用。ここではピンクを使います。
本体の色に合わせて好みで選びましょう。

縫い糸
本体の色に合わせた色を使います。

綿（ポリエステル綿）
約30g

ペレット
約70g

**直径10.5mm
プラスチックアイ＋ワッシャー**
2組

型紙を用意します

この本についている実物大型紙（A面）の「ロップイヤーうさぎ（M）」の5つのパーツをはさみで切り取ります。厚紙に貼り、外側の線の通りに切り抜きます。目の位置と切り込みの先端の「・」には、目打ちで穴をあけておきます。

実物大型紙のお約束！

この本の実物大型紙には縫い代分（4mm）が含まれています。型紙や布を裁つ時は、外側の太めの線でカットしてください。内側の点線は縫い位置の目安なので、布に写す必要はありません。矢印は毛の流れの向きを表しています。アルファベットと三角の山型は、他のパーツと位置を合わせるための合印です。

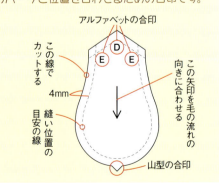

アルファベットの合印
この線でカットする
この矢印を毛の流れの向きに合わせる
4mm
縫い位置の目安の線
山型の合印

型紙で印をつけて、布を裁ちます

裁ち方図

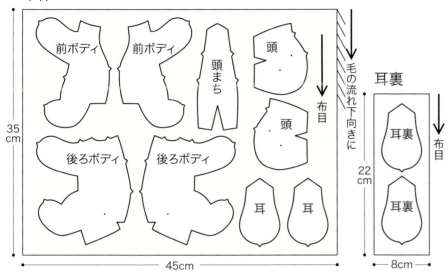

型紙に「左右対称に2枚」と書いてあるパーツは、1枚は普通に印をつけ、もう1枚は型紙を裏返して印をつけます。

型紙に穴をあけた目の位置と切り込みの先端にも点で印をつけておきます。

1 布の裏に型紙を置き、ボールペンで型紙の周囲をなぞって印をつけます。この時、裁ち方図のように、型紙の矢印と布の表側の毛の流れの方向が同じ向きになるように置きます。布の表側(毛並みのある方)をなでてみて、毛が逆立たずにすーっと抵抗なく手が動く向きが「毛の流れの方向」です。

2 1でつけた印の通りにすべてのパーツを裁ちます。切り込み部分は点でつけた印から型紙の際まで直線を引いて、線の通りに切ります。

点で印をつけた目の位置には、目打ちで穴をあけます。

頭とボディのダーツを縫います

※レッスン中では写真で分かりやすいよう、目立つ色の太い糸で縫っています。実際には布と同じ色の糸を使いましょう。

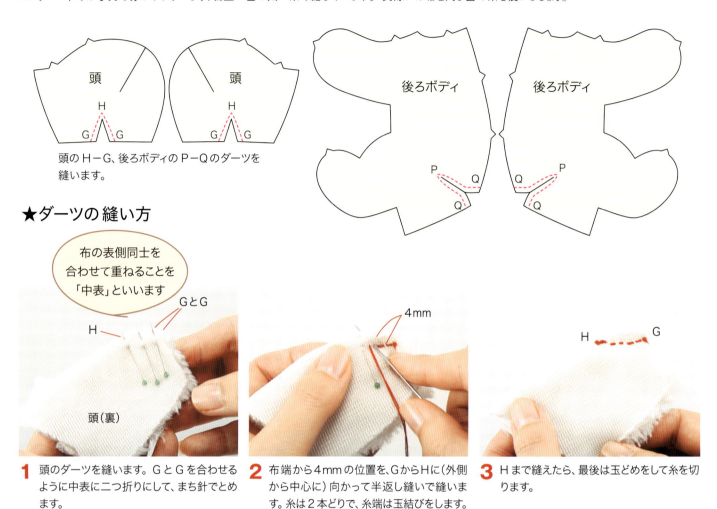

頭のH−G、後ろボディのP−Qのダーツを縫います。

★ダーツの縫い方

1 頭のダーツを縫います。GとGを合わせるように中表に二つ折りにして、まち針でとめます。

（布の表側同士を合わせて重ねることを「中表」といいます）

2 布端から4mmの位置を、GからHに（外側から中心に）向かって半返し縫いで縫います。糸は2本どりで、糸端は玉結びをします。

3 Hまで縫えたら、最後は玉どめをして糸を切ります。

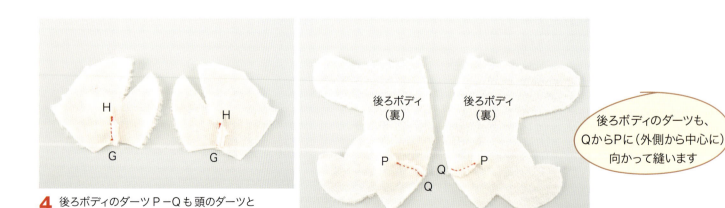

4 後ろボディのダーツP−Qも頭のダーツと同様に縫います。

（後ろボディのダーツも、QからPに（外側から中心に）向かって縫います）

耳を作ります

縫う時のお約束！

布がずれないよう最初にまち針でとめておき、布端から4mm内側を半返し縫いで縫います。型紙の点線（縫い位置の目安）を見ながら縫ってね。

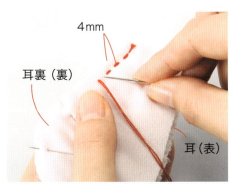

1 耳と耳裏を中表に合わせ、カーブ部分（E〜E）を縫います。

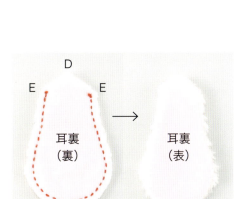

2 E〜Eのカーブが縫えたら、表に返します。

ペレットは小さじ1杯で約2.5gです

3 耳に適度な重みを出すために、ペレットを小さじ1杯分入れます。こぼさないように注意！

4 耳裏同士を合わせて上部を二つ折りにして縫います。この耳を2つ作ります。

★ 縫い方の基本

レッスン中では手縫い（半返し縫い）で縫っていますが、ミシンで縫ってもOKです。ミシンを使う場合も、布端から4mm内側を縫います。

半返し縫い

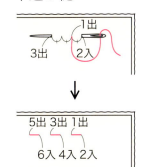

合印を合わせて縫う時は…

三角の山型部分は合印
同じアルファベットの合印を合わせて縫う

同じアルファベットの山型同士を合わせる

合印の中央（三角の頂点）に合わせる

同じアルファベットの合印

頭を作ります

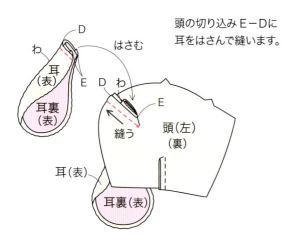

頭の切り込みE−Dに耳をはさんで縫います。

耳裏が内側に向くようにはさんでね

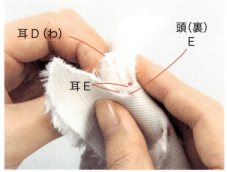

1 頭のE（中心側）と耳のE（両端）を合わせて、ずれないようにしっかりはさみます。

2 縫う前に、はさんだ耳がずれないようにまち針でとめます。布が何枚も重なっているので、しっかりすくってとめましょう。

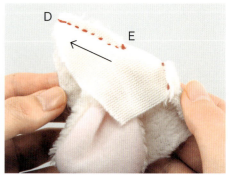

3 頭の中心側（E）から外側（D）に向かって縫います。もう1枚の頭にも同じように耳をはさんで縫います。

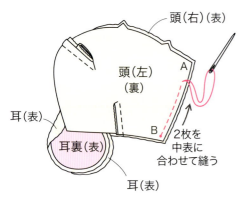

4 左右の頭に耳をつけたら、頭2枚を中表に合わせて鼻下のA−Bを縫います。型紙の点線（縫い位置の目安）のように、端から端まで縫います。

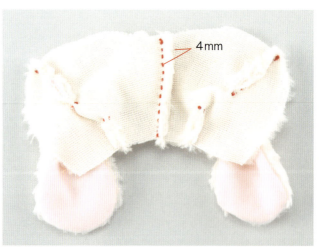

5 A−Bを縫って、開いたところ（裏）。

合印の合わせ方

2枚の頭の間に頭まちを縫い合わせます
右図のように、同じアルファベットの合印を合わせてね

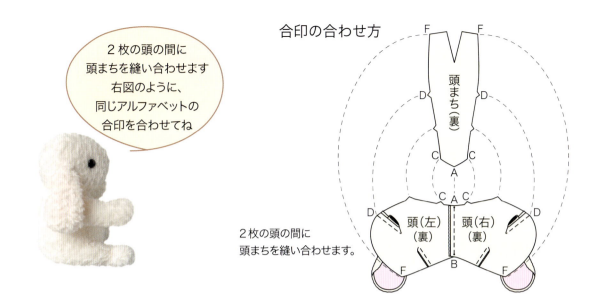

2枚の頭の間に頭まちを縫い合わせます。

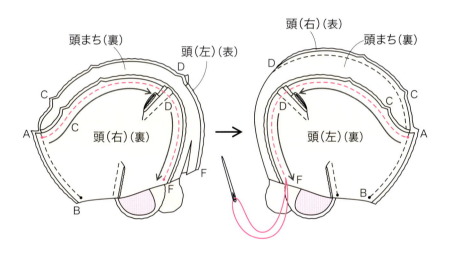

6 頭と頭まちを中表に合わせて、片側ずつ縫います。合印を合わせてずれないようにまち針でとめ、AからC、CからD、DからFと縫っていきます。片側が縫えたら、反対側も同様に縫います。

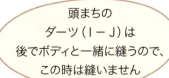

頭まちのダーツ（I-J）は後でボディと一緒に縫うので、この時は縫いません

7 頭まちの両側が縫えました。

ボディを作ります

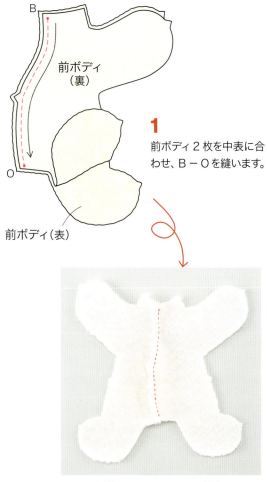

1
前ボディ2枚を中表に合わせ、B−Oを縫います。

B−Oを縫って、開いたところ（裏）。

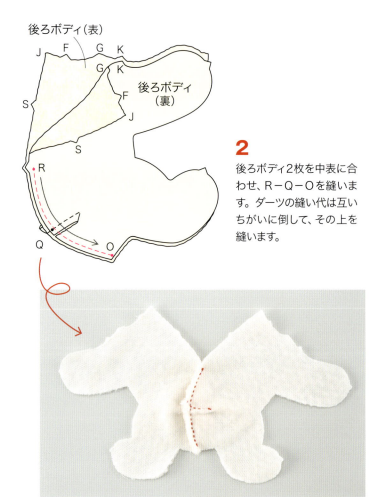

2
後ろボディ2枚を中表に合わせ、R−Q−Oを縫います。ダーツの縫い代は互いちがいに倒して、その上を縫います。

R−Q−Oを縫って、開いたところ（裏）。

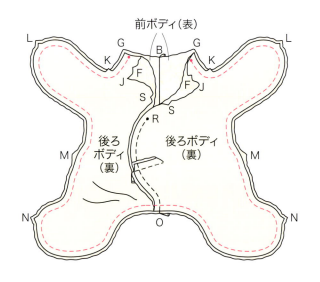

3
1の前ボディと**2**の後ろボディを中表に合わせます。G−K−L−M−N−Oの合印をそれぞれ合わせて、G〜Gをぐるっと縫います。O部分の縫い代は互いちがいに倒してその上を縫います。

頭とボディを縫い合わせて、表に返します

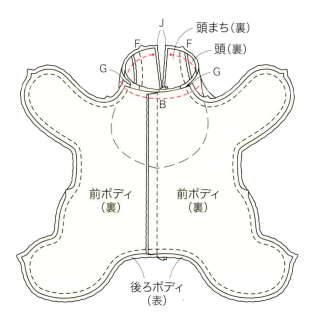

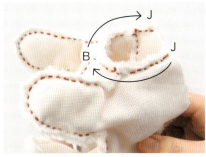

1 頭とボディの首部分を中表に合わせます。B（前中心）・G・F・Jの合印をそれぞれ合わせてまち針でとめ、J〜Jをぐるっと縫います。

2 頭をボディの中から引き出します。

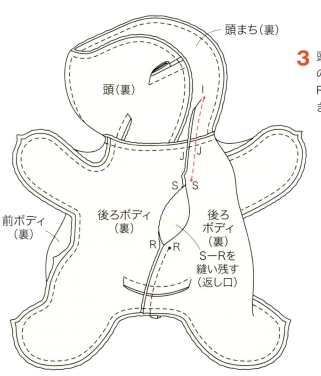

3 頭まちのダーツから後ろボディ上部のI−J−Sを続けて縫います。S−Rは返し口なので、縫わずに残しておきます。

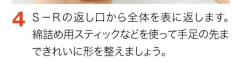

4 S−Rの返し口から全体を表に返します。綿詰め用スティックなどを使って手足の先まできれいに形を整えましょう。

目をつけて、詰めものをします

★目のつけ方

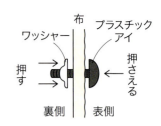

1 目打ちであけておいた目の位置の穴に、表側からプラスチックアイの足を差し込みます。

2 裏側からプラスチックアイの足にワッシャーをしっかりはめ込みます。

3 バランスを見ながら、左右の目をつけましょう。

> プラスチックアイのワッシャーは一度はめ込むと外せません！目がグラグラしないようにワッシャーは奥までしっかりはめますが、左右が同じになるよう注意してね

★綿の詰め方

> 頭は、表から押してみてちょっと固いかな？というくらいまで しっかり詰めてね

1 背中の返し口から頭に綿を詰めます。まず鼻先部分からしっかり固めに詰めます。後で鼻の刺しゅうをするので、ここで形をきれいに出しておくのが大切。

2 頭にしっかり綿を詰めたところ。ほっぺたの丸さや鼻先の形がきれいに出ています。

3 手と足はやわらかめに綿を詰めます。手足はつっぱらずにクタッとさせたいので、つけ根部分には綿を入れません。

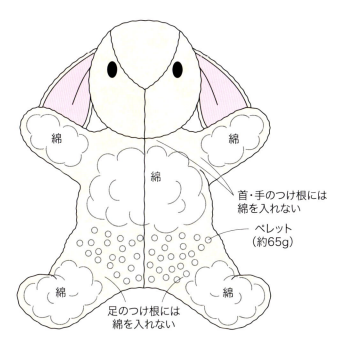

綿の量は好みのやわらかさになるように調節しましょう。

・首・手のつけ根には綿を入れない
・ペレット（約65g）
・足のつけ根には綿を入れない

4 お腹の底部分にペレットを入れます。メガホンのように筒状にした厚紙を使うと入れやすいでしょう。

首はちょっとグラグラするくらいがかわいい

5 お腹のペレットの上に綿を詰めます。頭には十分詰まっているので、首部分は上まで入れない方が全体がクタッとした感じになります。

★ 返し口のとじ方（コの字とじ）

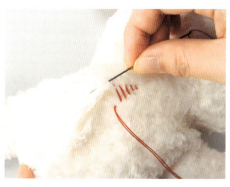

1 背中の返し口を上から下（SからR）へ向かってコの字とじで縫い合わせます。

コの字とじ

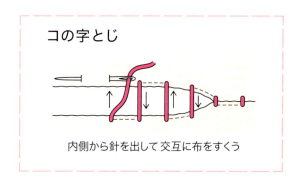

内側から針を出して交互に布をすくう

2 コの字とじの糸をしっかり引き締めます。実際には布と同じ色の糸（2本どり）を使うと、縫い目はほとんど見えなくなります。

3 Rまでとじたら、目立たないように玉どめして糸を切ります。

表情を作ります

★ 目の位置のくぼませ方

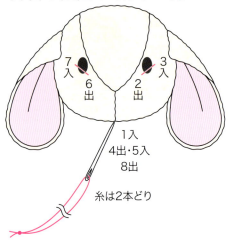

1 目の位置をくぼませて表情をつけます。ぬいぐるみ針に糸を通し、2本どりにして端を玉結びにします。あごの下から針を入れます。

2 左図の2の位置（目の下）に針を出します。

3 2から約4mm離れた位置（上図の3）に針を入れ、1と同じ位置に出します。

4 糸が出ているところから約2mmずらした位置から針を入れ、反対側の目の下（左上図の6の位置）に出します。

5 約4mm離れた位置（左上図の7）に針を入れ、最初に針を入れた1の位置に出します（糸は引ききらず、ゆるませておく）。

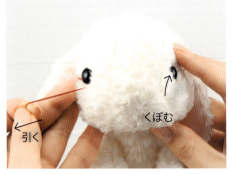

6 5でゆるませておいた下側の糸をぎゅっと引いて、反対側の目の下を縫った糸をくぼませます。

7 あごから出ている針についた糸をぎゅっと引いて、もう一方の目の下を縫った糸をくぼませます。

8 左右の目の表情が同じになるよう、バランスよく糸を引きます。最後はしっかり2回玉どめをして糸を切ります。

★ 鼻と口の刺しゅう

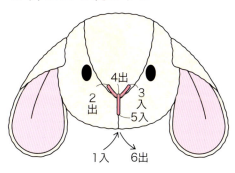

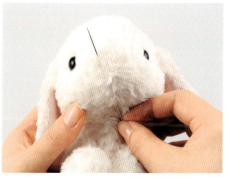

5番刺しゅう糸1本で、糸端は玉結び。25番刺しゅう糸の時は、6本どりのまま使ってね

1 ぬいぐるみ針に刺しゅう糸を通し、あごの下から入れます。左図の2の位置（頭まちの縫い目の内側）に針を出します。

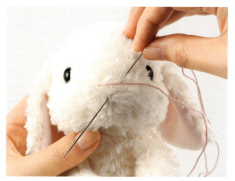

2 上図の3の位置に針を入れ（糸を横に渡してみて、針を入れる位置を決めるとよいでしょう）、4の位置に出します。

3 2で横に渡した糸を針ですくってひっかけ、下に引きます。

4 左上図の5の位置（中心の縫い目上）に針を入れます。

5 最初に針を入れた1の位置に針を出し、しっかり玉どめして糸を切ります。

これで完成！かわいくできたかな？

ワイヤーでできたブラシがあれば、全体の縫い目部分を軽くブラッシングして整えてあげましょう。縫い込まれている毛足が出て、きれいに仕上がります。

ペット用のブラシでも代用できます

ロップイヤーうさぎ
同じ作り方で、大きさを変えて

2

S・M・Lサイズで作ったロップイヤーうさぎのファミリー。
まんなかのMサイズは4ページの基本のうさぎと同じです。

🍀 作り方は基本のロップイヤーうさぎ（**1**）と同じ
　くわしい作り方レッスン　8〜19ページ
　S・Lサイズの裁ち方図と材料　25ページ

ふわふわ、モコモコ、花柄…
いろいろ素材のおしゃれうさぎ

3 左は毛足の長いモヘア生地、右はパイル地で作りました。
ちらっと見える耳裏の水玉柄もおしゃれでしょ？

🍀 作り方は基本のロップイヤーうさぎ（**1**）と同じ
くわしい作り方レッスン **8〜19**ページ
素材のこと **24**ページ

4 ふっくらやわらかなソフトファーと、すっきりシャープな花柄プリント。
同じ型紙で作っても、素材がちがうとこんなにイメージが変わります。

🍀 作り方は基本のロップイヤーうさぎ（**1**）と同じ
くわしい作り方レッスン **8〜19**ページ
素材のこと **24**ページ

素材のこと

同じ型紙で作っても、布を変えるだけで雰囲気のちがうぬいぐるみになります。ぬいぐるみ用のボアやファーだけでなく、ウールやコットンのプリント布で作ってもステキです。家にあるものや手に入る素材を使って、かわいい仲間をいろいろ作ってみてください。

🍀 ロップイヤーうさぎの作り方は8〜19ページ、くまの作り方は36〜39ページ

オーガニックコットン パイル

タオルでおなじみ、コットン100％のパイル地のぬいぐるみはお子さんへのプレゼントにもぴったりです。適度に伸びるので扱いやすい素材。きれいな色の新品のタオルを使ってもいいですね。

22ページ 3・うさぎ（右）
【材料】本体…オーガニックコットン パイル（モカ）35×45cm、耳裏…水玉プリント 22×8cm ※他は8ページと共通

ウール地（キッドモヘアシャギー）

ウール地のぬいぐるみはちょっと大人っぽい雰囲気。これは毛足の長いチャコールグレーのモヘア生地です。裏側に毛足がなく、厚すぎないものが作りやすいでしょう。服地の端切れを探してみるのがおすすめ。

22ページ 3・うさぎ（左）
【材料】本体…キッドモヘアシャギー 35×45cm、耳裏…水玉プリント 22×8cm ※他は8ページと共通

オーガニックコットン ソフトファー

ふわふわ優しい手触りのコットン100％のファーです。表側は比較的毛足が長く密集しているので、ボリュームのあるぬいぐるみになります（裏側は毛並みなし）。綿の詰め方で全体のクタクタ加減を調節しましょう。

23ページ 4・うさぎ（左）
【材料】本体…オーガニックコットン ソフトファー（ミルク）35×45cm、耳裏…花柄プリント 22×8cm ※他は8ページと共通

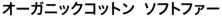

レーヨンディストレス ファー（テディベア用）

レーヨン製で、くせ毛のようなウエーブのある毛並みが特徴（裏側は毛並みなし）。何度も縫い直したりひっくり返したりすると毛並みが傷みやすく、裏地が固いものもあるので初心者のひとは注意が必要です。

33ページ 7・くま
【材料】本体…レーヨンディストレス ファー（キャメル）35×45cm（口先と上あごも同じ布で裁つ）※他は36ページと共通

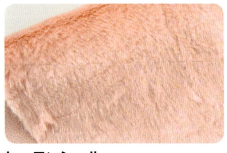

レーヨンシール

レーヨン素材のファーはきれいな色がたくさんあります。作っている最中にいじりすぎると毛並みがボロボロになってしまうことがあるので、短期間で仕上げるのがコツです（裏側は毛並みなし）。

26・27ページ 5・うさぎ
【材料】（1体分）本体…レーヨンシール（各色）35×45cm、耳裏…ポリエステルスエード（本体に合わせた色）22×8cm ※他は8ページと共通

コットンのプリント布

コットンで作ると、毛足がないのですっきりしたぬいぐるみになります。花柄や水玉、ギンガムチェックなど、小さめの柄がぴったり。うさぎやぞう、ぶたの耳裏をプリント布にしても、とってもかわいくなりますよ。

23ページ 4・うさぎ（右）
【材料】小花柄プリント 35×55cm（耳裏も同じ布で裁つ）※他は8ページと共通

ロップイヤーうさぎ
S・Lサイズの裁ち方図と材料

大きさはちがっても、作り方は基本のMサイズと同じです。
8〜19ページのレッスンを見ながら作りましょう。

2 (20・21ページの作品)

★実物大型紙はA面(各5パーツ)

ロップイヤーうさぎ(Sサイズ)材料

本体…ポリエステルボア(アイボリー) 28×35cm
耳裏…ポリエステルスエード(ピンク) 17×6cm
直径9mm プラスチックアイ+ワッシャー 2組
綿(ポリエステル綿) 約25g
ペレット約50g
5番刺しゅう糸(ピンク)
縫い糸(白)

Sサイズ裁ち方図

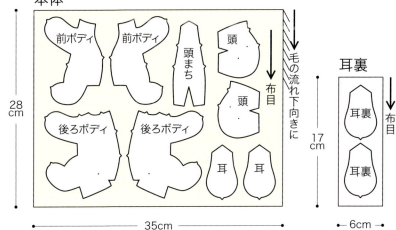

Lサイズ裁ち方図

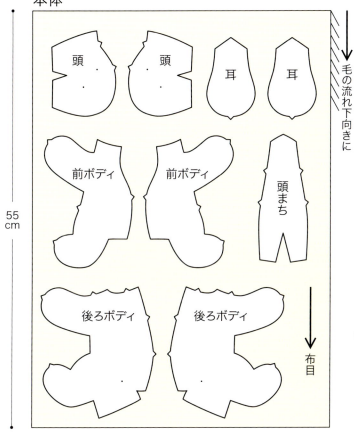

ロップイヤーうさぎ(Lサイズ)材料

本体…ポリエステルボア(アイボリー) 55×40cm
耳裏…ポリエステルスエード(ピンク) 27×10cm
直径13.5mm プラスチックアイ+ワッシャー 2組
綿(ポリエステル綿) 約40g
ペレット約85g
5番刺しゅう糸(ピンク)
縫い糸(白)

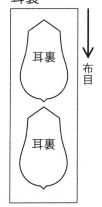

布からパーツを裁つ時は…

布の大きさや形は、この通りでなくても大丈夫!型紙の矢印と布の毛の流れの向きを合わせて型紙を置いてみて、すべてのパーツが取れればOKです。パーツ同士が接しないように配置しましょう。

カラフル・ロップイヤーうさぎのパーティ

5 キャンディみたいなきれいな色のレーヨンシールで作ったうさぎたち。
帽子をかぶったり、にんじんやバナナのマスコットを持って、
にぎやかなパーティのはじまりです。

🍀 作り方は基本のロップイヤーうさぎ（**1**）と同じ
　くわしい作り方レッスン　8〜19ページ
　素材のこと　24ページ
🍀 マスコットの作り方　28〜31ページ

ロップイヤーうさぎのぬいぐるみが最初に生まれたのは1997年。
2017年に20周年を迎えます。ハッピーバースディ！

マスコットの作り方

すいか・おにぎり・帽子・星・ハート・ステッキ
（26・27ページの作品）

★実物大型紙はB面

実物大型紙には縫い代分（4mm）が含まれています（縫い代不要＝裁ち切りのものもあります）。型紙や布を裁つ時は、外側の太めの線でカットしてください。布端から4mm内側を半返し縫いで縫います。型紙内側の点線は縫い位置の目安です。

すいか
材料／フェルト…赤5×15cm・緑5×12cm・黒少々、綿

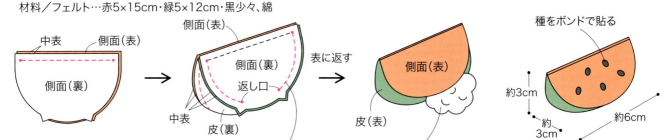

おにぎり
材料／フェルト…白10×20cm・黒7×5cm、綿

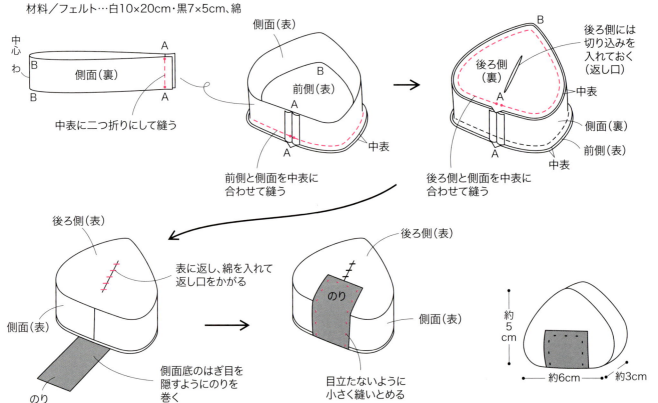

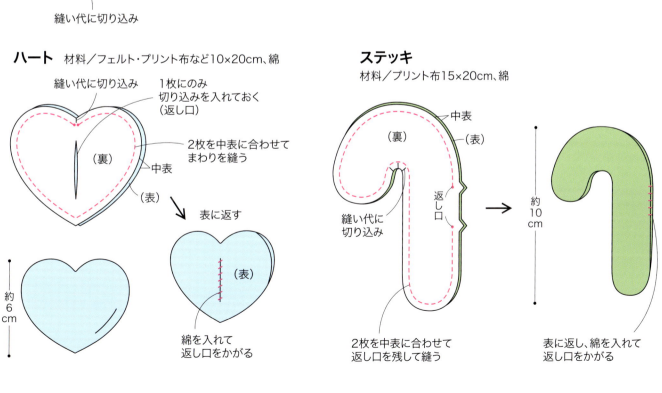

マスコットの作り方

にんじん・バナナ・トマト・プレゼント袋・ボックス・プレゼント箱
（26・27ページの作品）　★実物大型紙はB面

どのマスコットも少しずつの材料でできるので、きれいな色のフェルトやプリント布など好みの布を使って作ってください。フェルトは薄地のものが作りやすいでしょう。

にんじん
材料／フェルト…オレンジ色10×15cm・黄緑5×10cm、綿

バナナ
材料／フェルト…黄色15×15cm、綿

トマト
材料／フェルト…赤15×15cm・黄緑5×5cm、綿

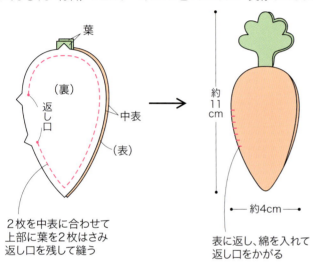

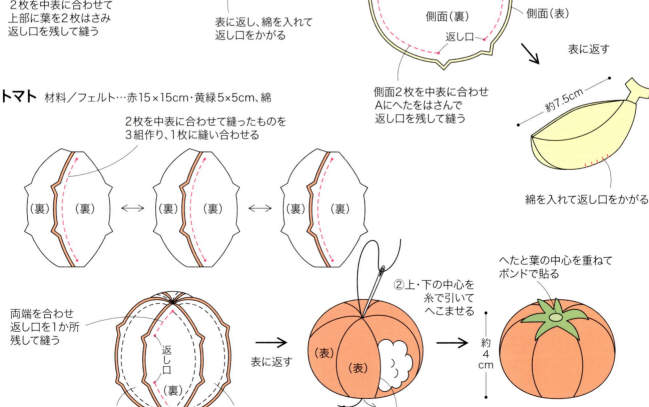

プレゼント袋　材料／プリント布20×10cm、幅0.6cmリボン15cm、綿

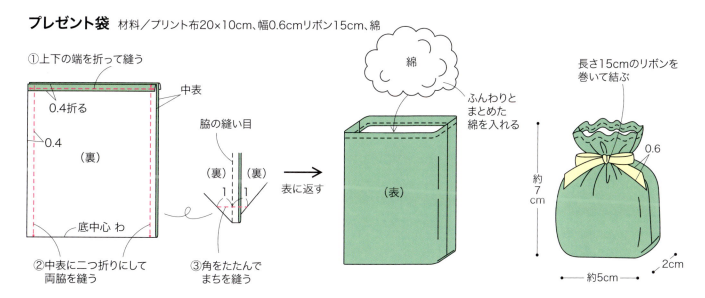

ボックス（フェルト）　材料／フェルト…6色を各5×5cm、綿

プレゼント箱（フェルト以外の布）
材料／プリント布10×15cm、幅0.6cmリボン50cm、綿

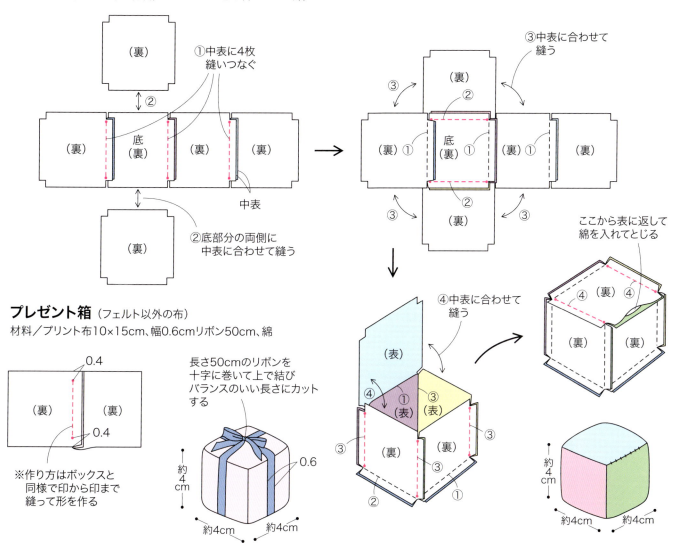

LESSON ❷

うさぎの頭を変えると… **くま・ぶた・ぞう**

6 基本のロップイヤーうさぎの頭を変えると、いろいろなどうぶつの仲間が作れます。
はちみつが大好きなくまは、小さくてピンと立った耳がかわいい。

🍀 くわしい作り方レッスン 36〜39ページ

7 左ページと同じくまをくせ毛風のベージュのファー1色で作ったら、やんちゃで男の子っぽい感じになりました。

🍀 作り方は **6** のくまと同じ
　くわしい作り方レッスン **36〜39**ページ
　素材のこと **24**ページ

くまのおやつは、はちみつパンケーキ

8 つぶらな瞳がかわいいピンクのぶた。くまと同じく、うさぎの頭を変えたアレンジです。
鼻先を別布にしてポイントにしています。

作り方 40・41ページ

ぶたとぞうも、ボディの作り方は同じです

9 ぞうは曲がった鼻と大きな耳が特徴。耳は上部をたたんだ状態で頭につけます。
おしりには布の先を結んだしっぽをつけました。

🍀 作り方 **42・43**ページ

LESSON ②
くまのくわしい作り方レッスン

レッスン①のうさぎの頭の部分を変えるだけで、くまができたり、ぶたやぞうも作れます。
しっぽは、後ろボディのおしり部分にはさんで縫うだけ。ここではくまの作り方を説明します。

6 (32ページの作品)

★実物大型紙は
A面(9パーツ)

★型紙の作り方や布の裁ち方、ダーツの縫い方などの基本的な作り方は
　うさぎのレッスン8～19ページを参照

※ **7**のくま(33ページ)も作り方・型紙は一緒です。口先と上あごのパーツもすべて本体と同じ布で裁ちます。素材については24ページを見てください。

6のくま・1体分の材料

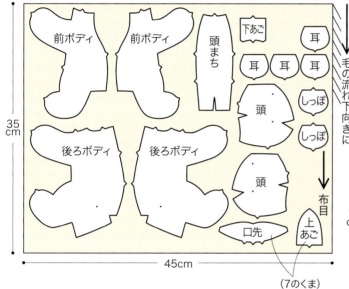

① 本体…ポリエステルボア(ブラウン)
　 35×45cm
② 口先・上あご…ポリエステルボア
　 (ベージュ) 16×12cm
③ 5番刺しゅう糸 (こげ茶)
④ 縫い糸 (茶色)
⑤ 直径10.5mm プラスチックアイ＋
　 ワッシャー 2組
⑥ 綿 (ポリエステル綿) 約30g
⑦ ペレット 約70g

頭を作ります
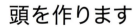

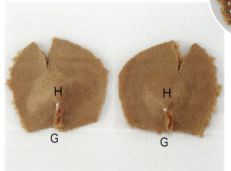

1 10ページの**1**～**4**と同様に、頭のダーツH－Gを縫います。

2 耳を作ります。2枚を中表に合わせてカーブ部分(D～E)を縫い、表に返してD－Eの直線部分を縫います。これを2つ作ります。

3 頭の切り込みE－Dに耳をはさんで縫います。もう1枚の頭にも同じように耳をはさんで縫います。

合印の合わせ方

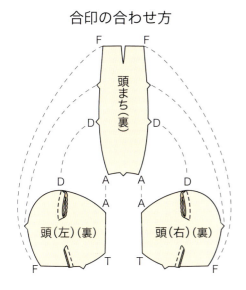

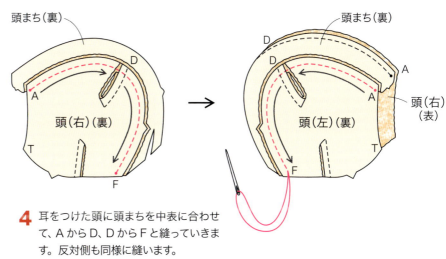

4 耳をつけた頭に頭まちを中表に合わせて、AからD、DからFと縫っていきます。反対側も同様に縫います。

5 2枚の頭の間に、頭まちを縫い合わせたところ。

6 5の頭に口先を中表に合わせます。写真の番号のように中心から順に合印を合わせてまち針でとめます（④はAとTの中間）。

7 6のT－A－A－Tを縫います。

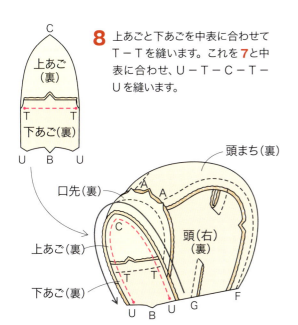

8 上あごと下あごを中表に合わせてT－Tを縫います。これを7と中表に合わせ、U－T－C－T－Uを縫います。

9 8のU－T－C－T－Uを縫ったもの。

これで頭が縫えました

ボディを作って、頭と縫い合わせます

前ボディは、14ページのうさぎと同じように縫い合わせてね

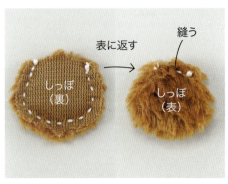

1 しっぽを作ります。2枚を中表に合わせてカーブ部分を縫い、表に返して直線部分を縫います。

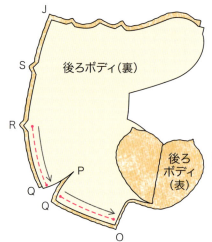

2 後ろボディ2枚を中表に合わせ、R-QとQ-Oを分けて縫います。

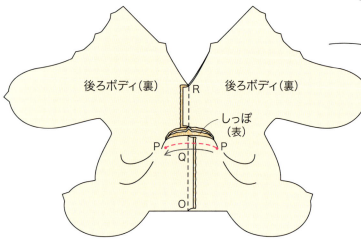

3 後ろボディのP-Q-Pにしっぽをはさんで縫います。2で縫った部分の縫い代は互いちがいに倒して、その上を縫います。

4 前ボディと3の後ろボディを中表に合わせます。G-K-L-M-N-Oの合印をそれぞれ合わせて、G～Gをぐるっと縫います（14ページの3を参照）。

5 頭とボディの首部分を中表に合わせます。B（前中心）・U・G・F・Jの合印を合わせて、J～Jをぐるっと縫います。頭をボディの中から引き出し、15ページの3・4を参照してI-J-Sを縫い、全体を表に返します。

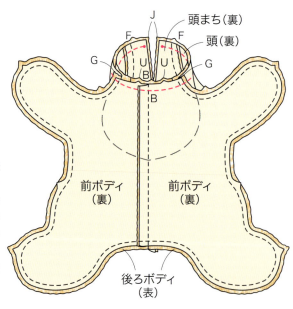

表情を作ります

1 16ページの「目のつけ方」を参照して、左右の目（プラスチックアイ＋ワッシャー）をバランスよくつけます。

2 16・17ページの「綿の詰め方」を参照して綿とペレットを詰め、返し口をコの字とじでとじます。

> 鼻の刺しゅうは、すき間ができないように糸をぴったり並べるように刺してね

★ 目の位置のくぼませ方

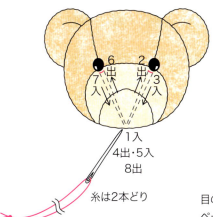

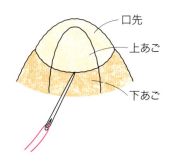

目の位置をくぼませて表情をつけます（18ページを参照）。くまはうさぎよりも正面に目がついていますが、やり方は同じです。

★ 鼻・口の刺しゅう

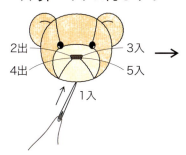

ぬいぐるみ針に刺しゅう糸（5番は1本、25番なら6本どりのまま使用）を通し、糸端は玉結びをします。あごの下から針を入れて鼻と口の刺しゅうをします。最後もあごの下に針を出し、しっかり玉どめして糸を切ります。

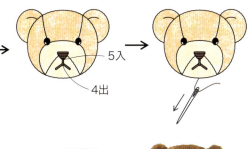

> これで完成！素材ちがいも作ってみてね

ぶたの作り方

★実物大型紙はB面（8パーツ）

材料
本体…ポリエステルボア（ピンク）35×45cm
耳裏…ポリエステルスエード（アイボリー）15×8cm
鼻先…薄地フェルト（淡オレンジ色）5×5cm
綿（ポリエステル綿）約30g
ペレット約70g
直径7.5mmプラスチックアイ＋ワッシャー 2組
縫い糸（ピンク）
5番刺しゅう糸（こげ茶）

（34ページの作品）

作り方手順
（型紙の作り方や布の裁ち方、縫い方の基本などは
うさぎのレッスン8～11ページを参照）

1. 耳を作る。
2. 頭を作る。
3. しっぽを作る。
4. 後ろボディにしっぽをはさんで縫う。
5. 前ボディを縫い合わせる（→14ページ）。
6. 前・後のボディを縫い合わせる。
7. 頭とボディを縫い合わせ、表に返す（→15ページ）。
8. 目をつけ、綿とペレットを詰める（→16・17ページ）。
9. 表情を作る（→18ページ）。

裁ち方図

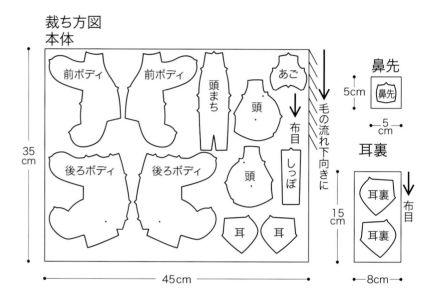

耳を作る

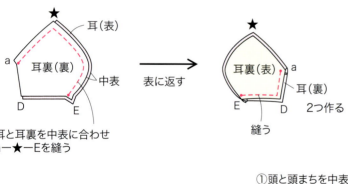

頭を作る

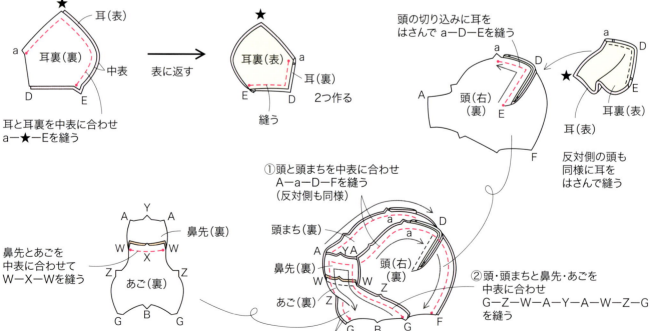

後ろボディにしっぽをはさんで縫う

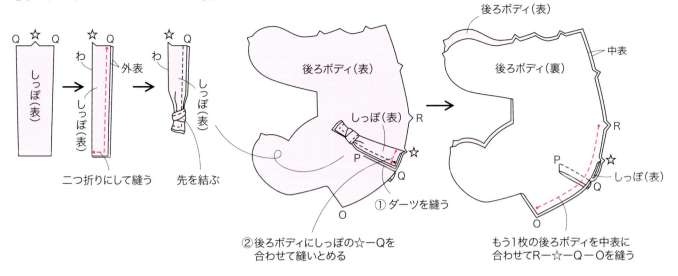

前・後のボディを縫い合わせる

① 前ボディ2枚を中表に合わせてB−Oを縫う

② 前・後のボディの合印 G−K−L−M−N−Oを中表に合わせてG〜Gを縫う

③ 頭とボディを中表に合わせJ〜Jを縫う

④ 頭まちのダーツと後ろボディのJ−Sを続けて縫う(I−J−S)

⑤ 表に返して目をつけ綿とペレットを詰めてS−Rをとじる

※くわしくはうさぎのレッスン14〜17ページを参照

でき上がり

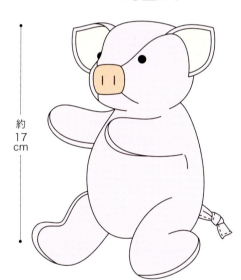

約17cm

表情を作る

針と糸を使って目を引き自然なくぼみを作る(18ページを参照)

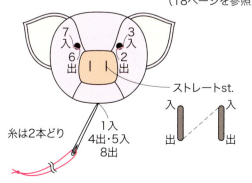

糸は2本どり
1入
4出・5入
8出

ストレートst.

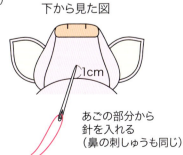

下から見た図
1cm
あごの部分から針を入れる(鼻の刺しゅうも同じ)

ぞうの作り方

★実物大型紙はA面（6パーツ）

9 （35ページの作品）

材料
本体…ポリエステルボア（グレー）35×45cm
耳裏…ポリエステルスエード（グレー）12×8cm
綿（ポリエステル綿）約30ｇ
ペレット約70ｇ
直径9mm プラスチックアイ＋ワッシャー 2組
縫い糸（グレー）

作り方手順
（型紙の作り方や布の裁ち方、縫い方の基本などは
うさぎのレッスン8～11ページを参照）

1. 耳を作る。
2. 頭を作る。
3. しっぽを作る。
4. 後ろボディにしっぽをはさんで縫う。
5. 前ボディを縫い合わせる（→14ページ）。
6. 前・後のボディを縫い合わせる。
7. 頭とボディを縫い合わせ、表に返す（→15ページ）。
8. 目をつけ、綿とペレットを詰める（→16・17ページ）。
9. 表情を作る（→18ページ）。

裁ち方図
本体

耳を作る

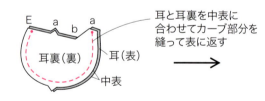

頭を作る

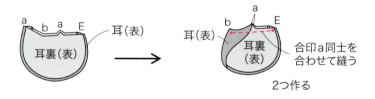

後ろボディにしっぽをはさんで縫う

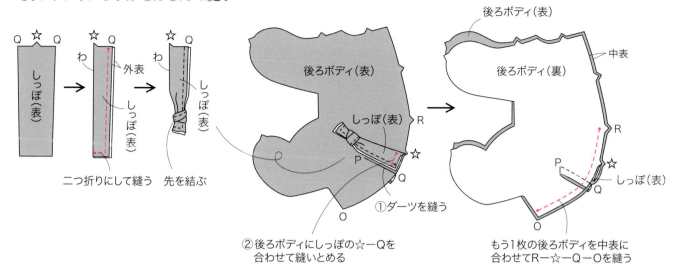

前・後のボディを縫い合わせる

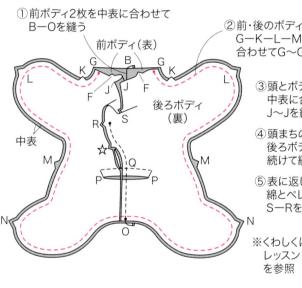

でき上がり

約17cm

① 前ボディ2枚を中表に合わせてB-Oを縫う
② 前・後のボディの合印G-K-L-M-N-Oを中表に合わせてG～Gを縫う
③ 頭とボディを中表に合わせJ～Jを縫う
④ 頭まちのダーツと後ろボディのJ-Sを続けて縫う(I-J-S)
⑤ 表に返して目をつけ綿とペレットを詰めてS-Rをとじる

※くわしくはうさぎのレッスン14～17ページを参照

表情を作る

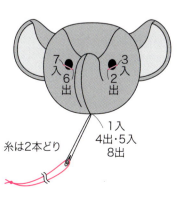

糸は2本どり

1入
4出・5入
8出

針と糸を使って目を引き自然なくぼみを作る（18ページを参照）

下から見た図

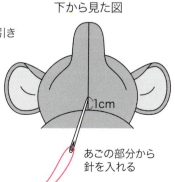

1cm

あごの部分から針を入れる

| LESSON ③ | 少しのアレンジで仲間を増やそう |

パンダ・たぬき・いぬ・ねこ

10 人気者のパンダは黒とアイボリーの2色で作ります。右のパンダは基本のうさぎと同じポリエステルボア。左はクラッシュベロアでスリムに仕上げました。

🍀 くわしい作り方レッスン 46〜49ページ

11 S・M・Lサイズのパンダ。親子そろって木登りが上手です。作り方はすべて共通、Mサイズは左ページのパンダと同じです。

🍀 作り方は10のパンダと同じ
くわしい作り方レッスン 46〜49ページ

竹林の奥で、
パンダの親子を発見！

LESSON ③
パンダ（Mサイズ）のくわしい作り方レッスン

パンダは、頭の作り方はレッスン②のくまとほとんど同じです。
ボディは黒とアイボリーの2色を縫い合わせて作ります。

★型紙の作り方や布の裁ち方、ダーツの縫い方などの基本的な作り方は
　うさぎのレッスン8～19ページを参照

★S・Lサイズのパンダの作り方はMサイズと同じ　実物大型紙はB面（各13パーツ）

10 （44ページの作品）

★実物大型紙は
B面（13パーツ）

44ページ
左のパンダ

アイボリー・黒ともに**クラッシュベロア**というポリエステル素材を使っています。わざと乱れたような表面加工でおしゃれな感じのぬいぐるみになります。ボアと同様、毛の流れに合わせてパーツを裁ちます。

パンダ(Mサイズ)・1体分の材料　（10の右）

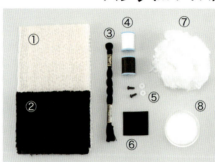

① 本体…ポリエステルボア（アイボリー）35×27cm
② 本体…ポリエステルボア（黒）32×25cm
③ 5番刺しゅう糸（黒）
④ 縫い糸（白・黒）
⑤ 直径9mm プラスチックアイ＋ワッシャー 2組
⑥ 目じり…フェルト（黒）4×5cm
⑦ 綿（ポリエステル綿）約30g
⑧ ペレット 約70g

パンダS・Lサイズの材料　（刺しゅう糸・縫い糸はMサイズと共通）

	Sサイズ	Lサイズ
本体　ポリエステルボア	アイボリー 30×22cm 黒 26×20cm	アイボリー 45×33cm 黒 40×30cm
プラスチックアイ＋ワッシャー	直径7.5mm　2組	直径10.5mm　2組
目じり　フェルト（黒）	4×4cm	5×6cm
綿（ポリエステル綿）	約25g	約40g
ペレット	約50g	約85g

裁ち方図（Mサイズ）※S・Lサイズも同様

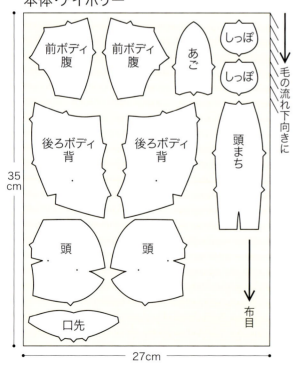

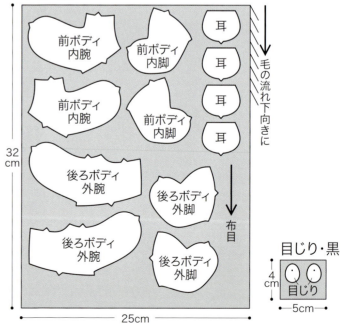

頭を作ります

パンダ・くま・たぬき（50・51ページ）の頭は、ほとんど同じです

くまのレッスン36・37ページと同様に頭を作ります。パンダはあごのパーツがあらかじめ1枚につながっているので、T-Tを縫う必要はありません。

ボディの2色のパーツを縫い合わせます

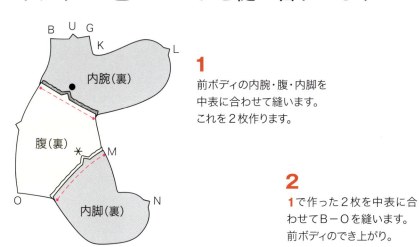

1 前ボディの内腕・腹・内脚を中表に合わせて縫います。これを2枚作ります。

2 1で作った2枚を中表に合わせてB-Oを縫います。前ボディのでき上がり。

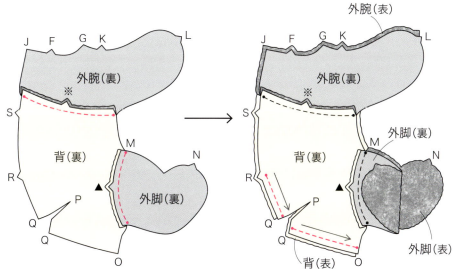

3 後ろボディの外腕・背・外脚を中表に合わせて縫います。これを2枚作り、中表に合わせてR-QとQ-Oを分けて縫います。

ボディを作って、頭と縫い合わせます

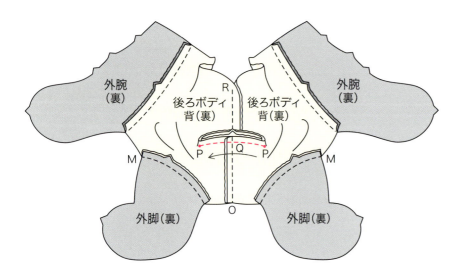

1 しっぽを作り（38ページの**1**を参照）、後ろボディのP－Q－Pにはさんで縫います。47ページの**3**で縫った部分の縫い代は互いちがいに倒して、その上を縫います。後ろボディのでき上がり。

2 前ボディと後ろボディを中表に合わせます。G－K－L－M－N－Oの合印をそれぞれ合わせて、G～Gをぐるっと縫います（14ページの**3**を参照）。

I－J－Sが縫えたら、S－Rの返し口から全体を表に返します（15ページの**3**・**4**を参照）

3 頭とボディの首部分を中表に合わせます。B（前中心）・U・G・F・Jの合印を合わせて、J～Jをぐるっと縫います。

4 頭をボディの中から引き出し、頭まちのダーツから後ろボディ上部のI－J－Sを続けて縫います。

表情を作ります

二つ折りの向きを縦・横と変えて十字に切り込みを入れます

1 フェルトの目じりに十字に切り込みを入れます。型紙の×印の中心（目打ちで穴をあけておく）を目安に、二つ折りにしてハサミの先で小さく切り込みを入れます。

2 十字の切り込みにプラスチックアイの足を通します。奥までしっかり通しておきましょう。

3 目打ちであけておいた目の位置の穴に、表側から**2**のプラスチックアイの足を差し込みます。

目じりがつくと、パンダっぽく見えるでしょ？

5 16・17ページの「綿の詰め方」を参照して綿とペレットを詰め、返し口をコの字とじでとじます。

4 左右の目じりの角度が同じになるようバランスを調整してから、プラスチックアイの足に裏側からワッシャーをしっかりはめ込みます（16ページの「目のつけ方」を参照）。

6 目じりのフェルトをめくり、18・39ページを参照して目の位置をくぼませます。あごの下に糸玉が出るので、実際には目立たないように白糸を使いましょう。

7 39ページの「鼻・口の刺しゅう」を参照して鼻と口の刺しゅうをします。

これで完成！
S・Lサイズも作り方は同じだよ

丸いお腹のポンポコたぬき

12 パンダをちょっとアレンジして、
白いお腹に大きなしっぽのたぬきにしました。
×印のおへそを忘れずに刺しゅうしてあげましょう。

🍀 作り方 51ページ

12 (50ページの作品)

たぬきの作り方

★実物大型紙はA面（11パーツ）

材料
本体…ポリエステルボア（ブラウン）35×45cm
上あご・口先・腹…ポリエステルボア（アイボリー）20×13cm
耳裏…ポリエステルスエード（ベージュ）5×10cm
目じり…フェルト（茶色）4×7cm
綿（ポリエステル綿）約30g　ペレット約70g
直径9mm プラスチックアイ＋ワッシャー 2組
縫い糸（茶色）　5番刺しゅう糸（こげ茶）

作り方手順

（型紙の作り方や布の裁ち方、縫い方の基本などは
うさぎのレッスン8〜11ページを参照）

1. 耳を作る。
2. 頭を作る（→36・37ページ）。
3. 前ボディと腹を中表に合わせて縫う。
4. 前ボディを縫い合わせる（→14ページ）。
5. しっぽを作る。
6. 後ろボディを縫い合わせて、しっぽをつける（→47・48ページ）。
7. 前・後のボディを縫い合わせる。
8. 頭とボディを縫い合わせ、表に返す（→15・48ページ）。
9. 目と目じりをつけ、綿とペレットを詰める（→16・17・49ページ）。
10. 表情を作る（→18・39・49ページ）。

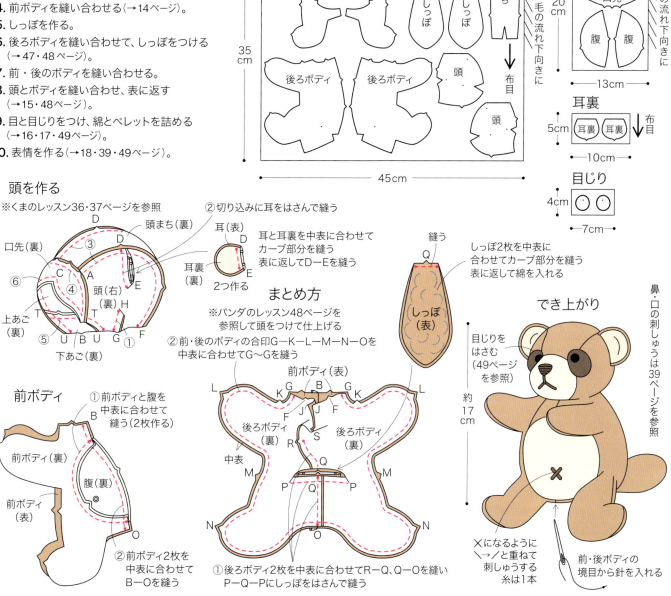

いぬとねこは、耳としっぽで変化をつけて

13 いぬは頭とおしりを別色で切り替えて作りました。
右は基本のうさぎと同じポリエステルボア、
左はレーヨンシールを使っています。
🍀 作り方 54・55ページ

14 ねこは、ボディの切り替えはいぬと同じで、▶▶
しっぽを長くしています。
左は基本のうさぎと同じポリエステルボア、
右はレーヨンシールです。
🍀 作り方 56・57ページ

いぬの作り方

★実物大型紙はB面（10パーツ）

材料（1体分）

- 本体a…ポリエステルボア（アイボリー）35×30cm
  （またはレーヨンシールのベージュ）
- 本体b…ポリエステルボア（ダークブラウン）30×23cm
  （またはレーヨンシールのこげ茶）
- 耳裏…ポリエステルスエード（ベージュ）18×7cm
- 綿（ポリエステル綿）約30g　ペレット約70g
- 直径10.5mmプラスチックアイ＋ワッシャー 2組
- 縫い糸（白・茶色）　5番刺しゅう糸（こげ茶）

13 （52ページの作品）

作り方手順

（型紙の作り方や布の裁ち方、縫い方の基本などは
うさぎのレッスン8～11ページを参照）

1. 耳を作る。
2. 頭を作る。
3. しっぽを作る。
4. 後ろボディa・bを縫い合わせる。
5. 後ろボディにしっぽをはさんで縫う。
6. 前ボディを縫い合わせる（→14ページ）。
7. 前・後のボディを縫い合わせる。
8. 頭とボディを縫い合わせ、表に返す（→15ページ）。
9. 目をつけ、綿とペレットを詰める（→16・17ページ）。
10. 表情を作る（→18・39ページ）。

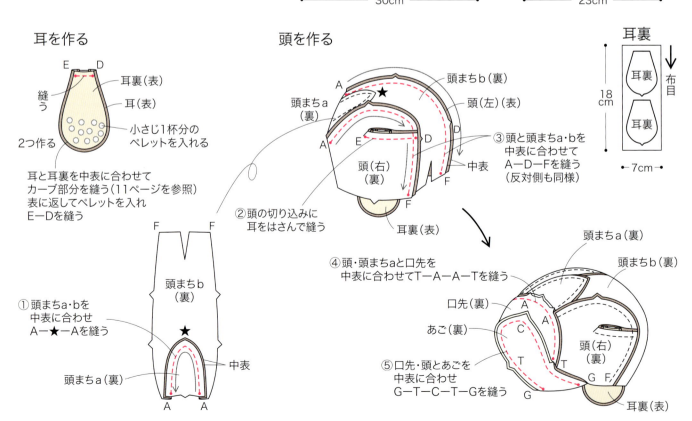

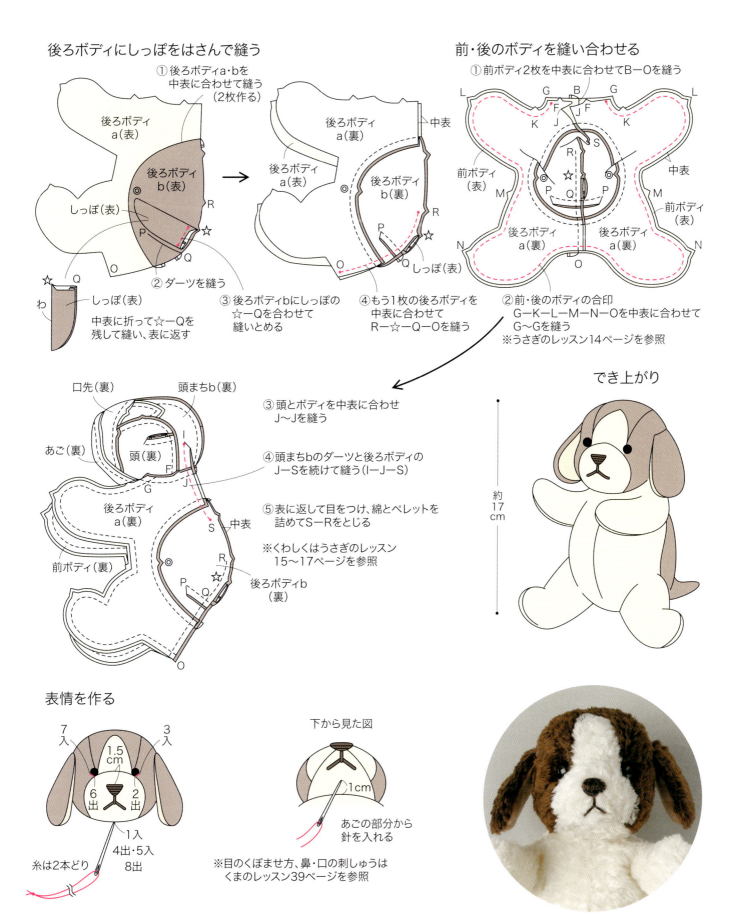

ねこの作り方

14 (53ページの作品)

★実物大型紙はA面（9パーツ）

材料（1体分）

本体a…ポリエステルボア（アイボリー）35×38cm
（またはレーヨンシールのアイボリー）
本体b…ポリエステルボア（黒）32×18cm
（またはレーヨンシールのグレー）
耳裏…ポリエステルスエード（アイボリー）12×8cm
綿（ポリエステル綿）約30g　ペレット約70g
直径10.5mmプラスチックアイ＋ワッシャー 2組
縫い糸（白・黒）　5番刺しゅう糸（ピンク）　テグス100cm

作り方手順

（型紙の作り方や布の裁ち方、縫い方の基本などはうさぎのレッスン8〜11ページを参照）

1. 耳を作る。
2. 頭を作る。
3. しっぽを作る。
4. 後ろボディa・bを縫い合わせる。
5. 後ろボディにしっぽをはさんで縫う。
6. 前ボディを縫い合わせる（→14ページ）。
7. 前・後のボディを縫い合わせる。
8. 頭とボディを縫い合わせ、表に返す（→15ページ）。
9. 目をつけ、綿とペレットを詰める（→16・17ページ）。
10. 表情を作り（→18・39ページ）、ひげをつける。

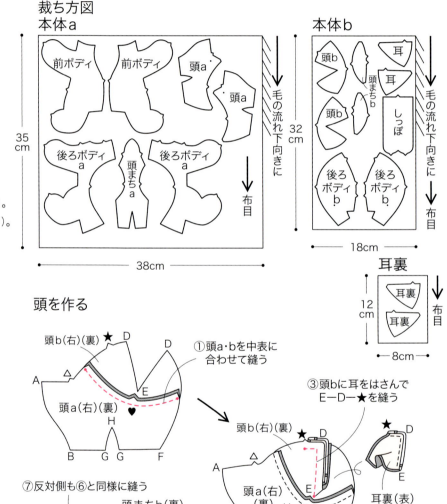

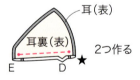

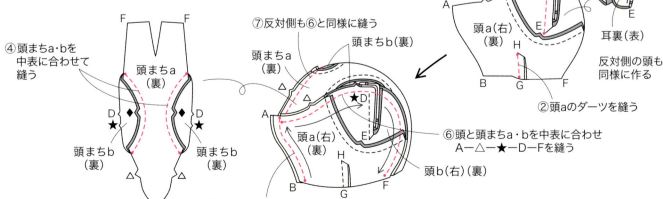

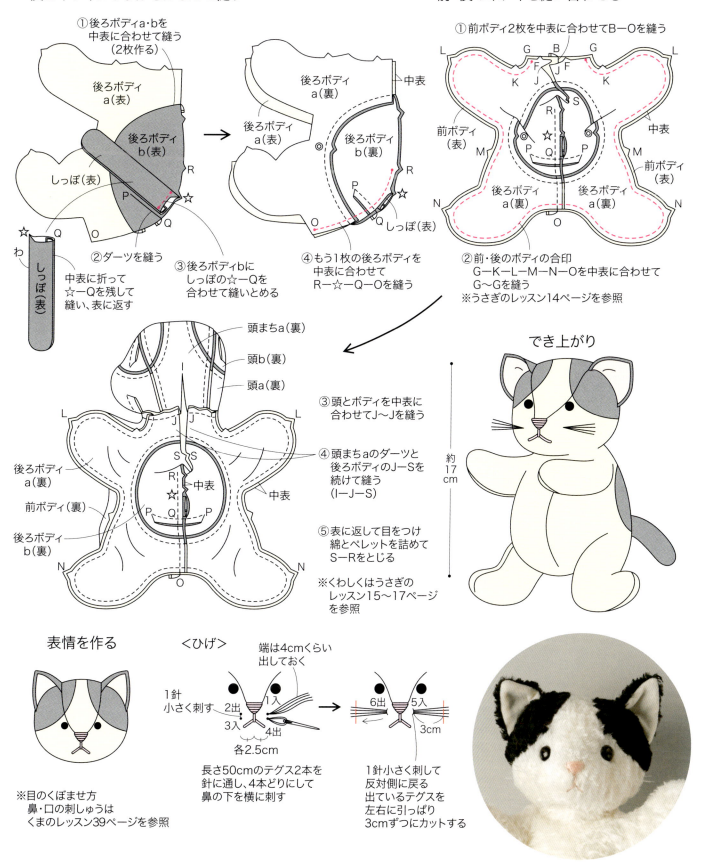

● スタッフ

撮影／宮下昭徳（作品）　森谷則秋（レッスン）
スタイリスト／田中まき子
レイアウト／加藤美貴子　鈴木敦子（型紙）
トレース／まつもとゆみこ
編集協力／吉田晶子
編集担当／佐々木 純　霜島絢子（新装版）

● 素材・撮影協力

株式会社スターチャイルド
（ポリエステルボア、ポリエステルスエード、レーヨンシール、プラスチックアイなど）
〒161-0032 東京都新宿区中落合2-18-11　TEL03-3950-2371
オフィシャルサイト　http://www.star-child.co.jp
オンラインショップ　https://www.stachanet.jp
STACHASHOP（実店舗）　http://www.stachashop.com

クロバー株式会社　（P7＊印の用具）
〒537-0025 大阪市東成区中道3-15-5　TEL06-6978-2277（お客様係）

あなたに感謝しております　*We are grateful.*

手作りの大好きなあなたが、この本をお選びくださいまして
ありがとうございます。内容はいかがでしたでしょうか？
本書が少しでもお役に立てば、こんなにうれしいことはありません。
日本ヴォーグ社では、手作りを愛する方とのおつき合いを大切にし、
ご要望におこたえする商品、サービスの実現を常に目標としています。
小社並びに出版物について、何かお気付きの点やご意見がございましたら、
何なりとお申し出ください。そういうあなたに私共は常に感謝しております。

株式会社日本ヴォーグ社 社長　瀬戸信昭　　FAX 03-3383-0602

● 本書に掲載する著作物の複写に関わる複製、上映、譲渡、公衆送信（送信可能化を含む）の
各権利は株式会社 日本ヴォーグ社が管理の委託を受けています。

● JCOPY ＜（社）出版者著作権管理機構 委託出版物＞
本書（誌）の無断複写は著作権法上での例外を除き禁じられています。複写される場合は、
そのつど事前に、出版者著作権管理機構（TEL 03-5244-5088、FAX 03-5244-5089、
e-mail: info@jcopy.or.jp）の許諾を得てください。

● 万一、乱丁本・落丁本がありましたら、お取り替えいたします。お買い求めの書店か、
小社出版受注センター（TEL 03-3383-0650）へご連絡ください。

手づくりに関する情報を発信中
日本ヴォーグ社 公式サイト

ショッピングを楽しむ
手づくりタウン

ハンドメイドのオンラインレッスン

初回送料無料のお得なクーポンが使えます！詳しくはWebへ

新装版
はじめての どうぶつ ぬいぐるみ
写真でくわしい作り方レッスンつき

発行日／2017年1月12日　第1刷
　　　　2025年2月26日　第12刷
著者／長谷川孝博
発行人／瀬戸信昭
編集人／今 ひろ子
発行所／株式会社日本ヴォーグ社
〒164-8705 東京都中野区弥生町5-6-11
TEL 03-3383-0634（編集部）
出版受注センター　TEL 03-3383-0650
　　　　　　　　　FAX 03-3383-0680
印刷／株式会社 東京印書館

Printed in Japan　ⓒ Takahiro Hasegawa 2017
NV70402　ISBN978-4-529-05661-8　C5077